NOUVELLE MÉTHODE

DE LECTURE

EN 13 LEÇONS.

MON FILS

Te voilà arrivé à l'âge où il faut que tu apprennes à lire. Depuis longtemps je cherche le moyen de te rendre cette première étude aussi facile que possible. Toutes les méthodes que j'ai consultées dans ce but m'ont paru incomplètes ou trop compliquées. Si ma tendresse pour toi m'a bien inspirée, j'aurai la double satisfaction de t'être utile ainsi qu'à tous les petits enfants de ton âge et en même temps aux mères de famille qui, comme moi, s'imposent la tâche de donner à leur enfant les premières notions de la lecture.

A B C D E F G
H I J K L M N
O P Q R S T U
V X Y Z.

a b c d e f g h i
j k l m n o p q r
s t u v x y z.

a e é è ê i o u y.

b c d f g j k l m n
p q r s t v x z.

NOUVELLE MÉTHODE

DE LECTURE

PREMIÈRE LEÇON.

ba ca da fa ga ha
la ma na pa ra sa
ta va be ce de fe ge
hé je le me ne pe re

se te ve zé bi di fi
gi hi li mi ni pi ri
si ti vi bo co do fo
go ho jo lo mo no
po ro so to vo bu
du fu ju hu lu mu
nu pu ru su tu vu
cy ly my py sy ty.

DEUXIÈME LEÇON.

ab ac ad af ag al
am-m an-n ap ar as

at ec ed ef el en-n
er es et if il im-m
in-n ir is ob oc of
om-m op or os ot
ur ut.

TROISIÈME LEÇON.

am em an en in im
ain ein om on un
ai ei oi au eau eu
œu ou ieu ien ié oin
ill aill eill ia io iu

iai iau ian ion uin
est.

QUATRIÈME LEÇON.

sab cof bec hec
lec nec sec ban can
han man pan van
bord corps dor fort
hors lord mort nord
port sort tort busc jus
hus lus mus crus turc
bat dat fat jat lat nat

pat rat coq dot noc
roc soc toc raf taf
bal cal dal hal mal
pal ral sal tal val
bar car dard fard
gard har jar lard
mars nar parc sar
tard var bes ces des
fes ges les mes pes
res tes bac fac lac
sac dif sif vif bil cil
fil mil nil vil com
dom gom hom nom

pom som cap hap
jap map nap rap cer
der fer ger her mer
per nerf ser ter ver
bis dis his lis mis
ris tis nef bel cel hel
mel pel qu'elle sel
tel vel hen pen ren
bur dur fur hur mur
pur sur turc bas cas
fas gas jas las mas
nas pas ras tas vas
fir tir bos cos fos

hos but hut lut cet
det jet let met net
bot cot hot lot mot
gam·

CINQUIÈME LEÇON.

bam camp gam
jam lam pam ram
tam vam mem rem
temps banc can dans
fan gant han lan

man nan pan rang

sang tan van cent

dent fen gen hen

lent men pen ren

sen ten ven din fin

gin lin min rin pin

sin tin vin bim gim

pim lim sim tim

bain gain main nain

pain sain tain vain

cein pein sein tein

bom com nom pom

som tom bon don

fond gond hon jonc
long mon non pont
qu'on rond son ton
qu'un bai dais fai
haie lait mais paix
raie taie nei mei pei
rei sei vei bois coi
doigt foi joie loi moi
noix pois quoi roi
soie toi voix bau cau
dau faulx gau haut
jau maux lau pau
qu'au saut tau vau

beau peau veau beu

deux feu heu jeu

meu neu peu queue

leur seul veuf bœuf

cœur vœu nœud bout

cou doux fou gout

hou joue loup moue

nou pour roue sou

tout vous bien lien

mien rien sien tien

vient cieux dieu lieu

mieux pieu vieux

scier lier pieds coin

loin foin moins point
soin ces des les mes
ses tes sol c'est pia
dia fio buis cuit fuit
hui lui muid puits
rui tui biais liai
niais miau vian liant
riant lion pion juin
suif pio.

SIXIÈME LEÇON.

blé bloc blu bra

bre brê bri bref bro
bru chat che ché chê
chi cho chu cla clé
cli clo club cra cré
crê drap dre dro fla
flé flê fra fre fré frê
fri fro glas glê glo
gra grê gri gro
grue pha phé phi
pla pli plus pra prê
prix pru tra tré tri
trot.

SEPTIÈME LEÇON.

âge âne âme ami épi
écu été ici ôté uni une
asile élève image orange
utile baba cela dada fané
gaze gâté dame lavé lame
mare papa rave pavé tapi
bête cage ceci cave déjà
père reçu sève tête demi
pêne rêve venu zéro dîné
fini gîte lire même lyre
mine pire rire rive vide
bobo hôte coco dodo joli
mode loto note noce lime
poli doré rose volé bure

lune mule solo tube hure luxe jupe puni curé cuve sole mure lyre mère jaco petite girafe jujube sycomore démoli séparé timide samedi fécule farine vérité morale malice bobine solide tisane visite sévère salade timidité badinage capucine galopade.

HUITIÈME LEÇON.

abbé acteur admirable affaire aggraver allumette amnistie anneau appartement artifice ascension attelage ecclésiastique Edmond effaroucher elle ennemi ermitage espiègle Etna immense irraisonnable issue objet octobre offrande omnibus optique ostentation ottomane urbanité innocence.

NEUVIÈME LEÇON.

amphibie empailler anciennement enfant incendie impolitesse ombrelle oncle aigle oiseau auber-

giste eau-de-vie eucharistie
œuf esprit yeux ailleurs.

DIXIÈME LEÇON.

sabbat coffre hectolitre
lecture nectar canneton
banne hanneton manne
panneau gamme vannier
dortoir justice hussard
gymnase lustre rustique
battoir datte jatte latte
natte patte rattraper coq
docteur nocturne raffine-
rie taffetas calfeutrer dalle
hallebarde malheur palpi-

tation rallonge salsifis tal-
mouse vallon barbillon
harpe jardinier narration
sardine bestiaux cesser
dessin feston geste leste-
ment messagerie peste
respect testament facteur
différence sifflet bilboquet
milliard commode dom-
mage gomme homme nom-
mer pomme sommeil hap-
per japper mappemonde
nappe rappel cerceau der-
nier gerbe herbe perro-
quet sergent terrasse biscuit dispute histoire Lis-
bonne missive risque tissu

cellier Helvétie Melpo-
mène pelle velte hennis-
sement renne Burgrave
furtivement hurler bas-
cule castagnette faste gas-
tronome jasmin lassitude
mascarade nacelle nasselle
passion rassemblement
tasse vaste firmament
bosquet fosse cosse hos-
pitalité butte hutte lutte
cette dette jette lettre
mettre botte cotte hotte
lotte motte.

ONZIÈME LEÇON.

bambin gambade jam-
bon lampe pampre rampe
tambour vampire membre
remplir temps banc can-
dide dans fantôme gant
hangar langue manteau
nankin pantoufle tanche
fendre gentil henri lent
menton pendule rencontre
sentier tente vente dindon
geindre mince rincer singe
tinter bimbelotier gim-
blette limpide ceinture
peinture teinturier bombe

compagnie pompon sombre tombeau confiture honte baiser faisan neige peine reine seigle veine coiffure baudet cauchemar dauphin gaufre jaune laurier pauvre taureau vautour beurre heureux meunier neuvième houblon nougat paille taille bâiller caille bille fille maille billet billard filleul tailleur pillage sillon tilleul piano diable fiole huile nuit ruine tuile liaison vieillard miauler viande liante suite pioche.

DOUZIÈME LEÇON.

bluet braconnier brebis brèche brioche brodequin brûlure chenille chérie chèvre chicorée chocolat chuchoter clarinette clématite clientèle clochette cravate créateur crème drelin droguiste flageolet fléau flèche fracasser fredonner frégate frère friandise fromage glèbe globe gracieusement grêle grief grognon phalange phénix philosophe pla-

fond plier praline prêtre
prune travail trésor
triomphe théâtre.

TREIZIÈME LEÇON.

blanc blond blois bleu
blessure branche brin
broncher brun braire
broyer brouter Brest
champ chanter chaîne
choix chaude chou chien
clair clin cloître clou
crampe crin crainte craie
croix creux croûton droit
dreux dresser flamber

flanc flairer franchise frein front fraise froid gland glaive gloire grec grandeur grain gronder plan plein plomb plaisir ployer pleurs prendre prairie proie preux pres-soir train tronc trompeur trait trois trouver tresse grille tremper treille trot-toir vraiment vrille.

Si tu es sage, tu auras des friandises pour faire la dînette.

Jaco, as-tu bien déjeuné ce matin?

J'irai à la noce si je lis bien.

Ma bonne a fait de la purée pour notre dîner.

Maman ne veut pas que je mange des radis.

Quand je suis malade, je bois beaucoup de tisane.

J'ai vu nager le cygne dans le bassin.

Ma cousine a joué au volant avec moi.

Le bûcheron travaille dans la forêt.

Fidèle n'est plus dans sa niche.

Ce soir j'écouterai bien la conférence de M. le vicaire

Il y aura nouvelle lune ce soir.

Papa m'a apporté un gâteau.

Je voudrais apprendre la musique.

Ferme le rideau, il fait trop de soleil.

J'ai vu des jeux pyriques chez Séraphin.

Quand je serai grand, j'aurai un habit d'uniforme.

Adolphe, descends, ou tu vas tomber par la fenêtre.

Maman m'emmènera avec elle pour faire des visites.

L'humilité est la première vertu d'un enfant bien élevé.

Le Kamichi est un oiseau d'Amérique.

Au mois d'octobre j'irai en pension.

Il ne faut jamais laisser traîner ses affaires.

Si je suis bien poli, j'aurai le prix d'urbanité.

M. l'abbé m'a donné une image, parce que je sais bien mes prières.

Ma bonne a mis les abricots dans l'office.

Les allumettes chimiques sont très-dangereuses.

Ces deux chevaux gris font un bel attelage.

Mon oncle m'a donné une optique pour mes étrennes.

A la fête de papa, il y aura un beau feu d'artifice.

Il ne faut pas faire de bruit dans l'appartement.

J'ai vu l'ermitage qui est dans le bois.

Louise a effarouché le petit oiseau ; il s'est envolé.

Jaco est mort, maman l'a fait empailler.

Maman a oublié son ombrelle chez ma tante.

J'ai attrapé beaucoup de hannetons.

Il ne faut jamais parler au dortoir.

Le jardinier a mis beaucoup de fleurs dans le jardin.

Le facteur n'a pas encore apporté le journal.

J'ai désobéi à maman ; le perroquet m'a pincé.

Papa m'achètera un tambour.

Il faut faire sa prière matin et soir.

Il ne faut pas boire de l'eau quand on a chaud.

Le temps est si sec que le raisin ne mûrira pas.

Maman ne permet pas que l'on cueille les fleurs qui sont dans le jardin.

Il faut toujours dire la vérité.

N'approchez jamais du bord de la rivière.

Il faut toujours avoir le corps droit.

Amédée est plus fort que moi.

Ce matin j'ai entendu le coq chanter.

Ernest a mal aux yeux, il ne voit plus clair.

Nous irons nous promener dans le parc.

Il est trop tard, nous ne sortirons pas ce soir.

Les soldats sont au camp, on les entend faire l'exercice.

Il fait beau temps, nous irons à la campagne.

Ne monte pas sur le banc, tu tomberas.

N'oublie pas de mettre tes gants pour sortir.

Louis a mal aux dents, il faudra lui en arracher une.

Je me suis pincé le doigt en fermant la porte.

En passant sur le pont, j'ai jeté une pierre, elle est allée au fond de l'eau.

J'aime le lait, j'en bois tous les matins

Quelle joie ! nous allons voir le Jardin des Plantes.

Ne ramassez pas de noix, vous vous noirciriez les mains.

Nous aurons des petits pois pour notre dîner.

Ah ! que le coucher du soleil est beau !

Le ballon est si haut que je ne le vois plus.

Il ne faut jamais jouer avec le feu.

Le jeu de la balle est bien amusant.

Si tu tires le chat par la queue, il t'égratignera.

Le boucher a tué un gros bœuf.

Je me suis trop balancé, j'ai mal au cœur.

Tu fais toujours des nœuds à tes lacets.

Je vais mettre un fichu sur mon cou, le temps est frais.

Le petit Albert est un enfant bien doux.

On dit qu'il y a un loup dans le parc.

Le cabriolet a une roue de cassée.

J'ai donné mon sou à un pauvre.

La récolte du foin a été très-bonne.

Je ne suis pas adroit au jeu de l'anneau.

Les poules ont pondu, je vais dénicher les œufs.

J'ai rangé tous mes joujoux dans le grand coffre.

Il est arrivé un grand malheur hier matin.

Auguste a pêché un gros barbillon.

Mon cousin apprend le dessin, je ferai comme lui.

Quand on veut on peut.

Mon parrain m'a promis un bilboquet.

J'ai mis ma boîte de bonbons dans ma commode.

Le sirop de gomme est très-bon pour le rhume.

Avec les pommes on fait du cidre

Tu renverses toujours ta timballe sur la nappe.

On bat le rappel, papa va monter sa garde.

J'ai joué au cerceau avec Henri , il joue mieux que moi.

Nous nous sommes reposés sur l'herbe.

Le perroquet de papa parle fort peu.

Je me promène sur la terrasse, quand maman me le permet.

Si je suis obéissant, j'aurai du biscuit.

Quand je saurai bien lire, je lirai une longue histoire.

J'ai fait cadeau d'une jolie tasse à ma cousine.

Il y a un oiseau qui chante dans le bosquet.

Si tu savais écrire tu écrirais une lettre à ton frère, il serait bien content.

Nous emporterons un jambon pour déjeuner sur le gazon.

Avez-vous mis de l'huile dans la lampe?

Tiens la rampe pour descendre, ou tu rouleras jusqu'au bas de l'escalier.

Mets ton manteau, parce qu'il fait froid.

Ma sœur a brodé une paire de pantoufles.

Il est midi à la pendule, il faut aller travailler.

J'ai fait la rencontre de mon petit ami, je suis bien content de l'avoir vu.

Les enfants ne doivent jamais avoir de bâton à la main.

IMPRIMERIE H. FOURNIER ET C°

RUE SAINT-BENOIT, 7

9 782013 396028